JN041556

第3章　お金の不安

第4章 人間関係の悩み

第5章 死への恐怖

はじめに

運命は誰でも、いつからでも好転させられる

本書を手に取ってくださったあなたは、この世に生を受けてから今日に至るまで、さまざまなことを体験し、懸命に生きてこられたのに違いありません。

家庭や社会の人間関係に悩んだり、経済的な問題に翻弄されたり、病に見舞われたりと、大変な思いをされた人もいることでしょう。今も苦しみの渦中にいる、社会的成功は収めたものの、悩みを抱えているという人もいらっしゃるかもしれません。けれど人生の折り返し地点を迎え、これまでの喜怒哀楽を通して多くのことを学んできました。

そして100年人生といわれる今、思いがけず長くなった人生のこれから先を

想像して、漠然とした不安を抱いている人は多いことでしょう。老後資金は足りるか、いつまで元気でいられるか、将来孤独に苛まれるのではないかなど――。

でも、安心してください。あなたは「どうすれば、人生の後半を幸せに生きていくことができるのか」と考え、答えを求めて本書にめぐり合いました。この流れこそが、幸せな人生に通じています。

私は39歳のときにヒマラヤ聖者と邂逅し、ヒマラヤの奥地にて7年間厳しい修行を続け、究極のサマディ（仏教でいうところの涅槃《ねはん》）を成就しました。それは歴史上、外国人として、また女性として初めてのことであり、私はヒマラヤ秘教の正統な継承者である大聖者「シッダーマスター」として認められたのです。

最高の真のヨガをマスターしたことで、インド政府とインドの有名な知識人協会から、〝宇宙の母〟〝ヨガの母〟を意味する「ヨグマタ」の尊称を授かりました。49歳のときです。

シッダーマスターは、インドに1億人以上いるといわれる出家修行僧の中の最高峰と称えられます。しかし、その存在は神秘に包まれており、現在ヒマラヤから降りて人々の前に姿を現すシッダーマスターは世界に2人しかいません。それは私と、兄弟弟子であるインドの高名な聖者パイロット・ババジです。

私は2016年にインド政府からの要請を受け、ニューヨークの国連本部で開催された「ヨガと平和についての国際会議」に主賓として招かれ、スピーチをしました。その後も、国際的なイベントや式典で基調講演やヒマラヤ瞑想の指導を行うなど、ヒマラヤ秘教の恩寵《おんちょう》をシェアし、世界平和へ導くための活動を続けて今日に至ります。

つい先日、2023年の6月にニューヨークで開催された「国際ヨガの日」に招待され、そこにいらしたインドのモディ首相に、ヒマラヤ聖者として悟りのエネルギーをタッチして送る、祝福を授ける機会を得ました。インドでは、ヒマラヤ聖者の祝福をいただくことは希有な恩恵であり、幸せになり、幸運に恵まれるということを意味します。

ヒマラヤ秘教とは、ヒマラヤ聖者から悟りのエネルギーをいただきながら内側を変容させ、真理を悟り、最高の人間に成長していく、という教えです。それは不滅の存在を悟ることであり、神秘の力を手に入れる不老長寿の教えです。信仰、祈り、瞑想、さらに気づきをもって、よい行為や正しい生き方を実践していきます。皆さん一人ひとりが、純粋で自由な本当の自分、魂を取り戻すために、ヒマラヤ秘教の叡智を役立てていただきたいと思っています。

本書をお読みいただければ、人生後半への漠然とした不安や不満といったネガティブな思いが消え、いかにあなたの人生が素晴らしいものであるかを感じられるはずです。また、「心をコントロールできるようになる」「体を若返らせる」「生命力を輝かせる」、さらに「死への恐れをなくす」ための私の生き方指南を通して、希望が湧いてくることでしょう。

あなたは、美しく年をとっていきます。

私の究極のサマディからの叡智と慈愛、悟りのエネルギーを受け取ることで、輝きに満ちた人生を送ることができますように。

ヒマラヤ秘教とは

人間には神秘のエネルギーが宿っている

ヒマラヤ秘教は、5000年以上の歴史を有する門外不出の教えです。

そもそも人間は大宇宙と同じ神秘のパワーを秘めている存在で、そのエネルギーを整えて宇宙と調和することができれば、心が平和になると考えられています。それは、自分自身が心身を成長させることで、すべてのパワーの源である大いなる存在と一体化する、という宗教を超えた真理の科学ともいえるのです。その大いなる存在を、古来さまざまな宗教が「神」と呼んできました。

ヒマラヤ秘教は「悟り」という意識の向上を目指し、心や体の奥に潜む力を目覚めさせるヨガのルーツであり、真のヨガでもあります。現在広く知られるヨガの原点はヒマラヤ秘教です。また、ヴェーダというインド哲学や仏教やキリスト教のルーツでもあります。

ヨガとは「結ぶ」という意味。日本では健康増進法として知られていますが、ヨガ本来の目的は神と自分を結ぶことにあるのです。宇宙はすべてがつながり、調和しています。そして、本質の神につながるのが究極の真理であり、人間の完成であるのです。

虚弱体質や肌荒れに悩まされていた私が、体質改善のためにヨガを始めたのは18歳のときです。そこからヒーリングや宗教思想を学び、健康ヨガの指導者として、20代後半からカルチャーセンターを中心に50ヵ所ほどで教室を開いて指導に当たっていました。

そんなある日、テレビの仕事を通じて、来日したヒマラヤの聖者パイロット・ババジに出会うという希有な出来事に恵まれ、「ヒマラヤへ来ませんか?」とお誘いを受けたのです。ヨガ教室での活動を続ける中で、指導者としてもっと精神性を高めなければいけないと感じていた私に迷いはありませんでした。

ヒマラヤ秘教のヨガでは、八支則《はっしそく》といって、ヤマ（禁ずる戒め）、ニヤマ（勧める戒め）、アーサナ（体の調整）、プラーナヤーナ（呼吸のコントロール）、プラティヤハーラ（感覚のコントロール）、ダラーナ（精神統一）、ディアーナ（瞑想）、そしてサマディ（高次元の存在と一体化）と8つのステップを経て悟りを開いていきます。ちなみに日本では、「アーサナ」の部分のみを行ってヨガといっているようです。

私はヒマラヤで修行を続け、やがて究極のサマディを成就しました。体を浄化し、心を浄化して、さらに死を超えて本当の自分になったのです。

その後、私は下界に降りて、何十万人もの観衆が詰めかけるインドの国民的祭典「クンブメーラ」で「公開サマディ」を行いました。公開サマディとは、世界中の人々の幸福を祈るため、人々の面前で行う究極のサマディの儀式のこと。水も空気も遮断され、完全に密閉された地下窟で4日間、深い意識に没入して神となり、人々を集合意識のレベルから幸せするという究極のサマディの行です。

私は1991年から2007年の間に合計18回、公開サマディを成功させました。その間に、インド最大の霊性修行協会「ジュナ・アカラ」から仏教で大僧正に当たる称号を女性として歴史上初めて授かったのです。この究極のサマディで、人々を内側から変容させ、ストレスを浄化し、才能を開花させ、幸せにして救済する力を得ました。サマディで神と一体化して得た「アヌグラハ」といわれる特別なエネルギーを人々に伝え、より豊かな人生をつくり、人間性を磨き、悟りへと導くシッダーマスターとして活動を続ける身となったのです。そうしてこれまでパイロット・ババジとともに、アメリカやヨーロッパを訪れ、ヒマラヤ秘教の瞑想と祈りで世界に平和をもたらす「ワールドピース・キャンペーン」を行ってきました。

愛や感謝の力で幸せになる

シッダーとはサンスクリット語で「悟りを得た」という意味。マスター（師）とはサンスクリット語で「グル」といい、グは暗闇、ルは光を意味します。つまりシッダーマスターとは、「闇の世界から光の世界へと人々を導く精神的指導者」のことであり、人のカルマを浄め、魂と神につなぐ架け橋です。聖者（出家した修行者）のなかでも、シッダーマスターは究極の悟りを得たことで、アヌグラハと呼ばれる悟りのエネルギー伝授の祝福によって、相手のカルマ（宿命）、仏教でいうところの「業」を浄化し、意識を引き上げる力を持っているのです。

私は、私の師である偉大なる大聖者ハリ・ババジから命を受けて日本へ戻り、こうしてヒマラヤ秘教の教えをみなさんにお伝えする機会を得ました。私の半生については『慈愛に生きる　ヒマラヤ大聖者　相川圭子自伝』（中央公論新社刊）

に詳しく記していますので、よろしければご一読ください。

日本は物質的に恵まれた国です。ですが、インドの人に比べて国民の幸福度は低いのではないでしょうか。生かされていることへの感謝を忘れ、資本主義に振り回された結果、「もっと、もっと」という欲望や、「失いたくない」という執着心やエゴに翻弄されているように見受けられます。日本人は、物質的な豊かさや便利さと引き換えに、精神的な豊かさを失ってしまったのでしょう。

欲望やエゴを満たす生き方は、一時的に感覚や心、体を喜ばせますが、それを続けていても不安や不満が押し込められるだけで、消えることはありません。ヒマラヤ秘教の叡智は、欲望やエゴを満たすための表面的な賢さではなく、心や体の源である魂に働きかけて、その人が本来持つ聡明さを引き出します。気づきと、愛や感謝の力で幸せへと導くのです。これこそが、現代の日本人に必要なことではないでしょうか。

精神的に進化し、深化する

そもそも年を重ねることは〝黄金〟であり、輝かしく、喜ばしいことです。インドでは古来、神に仕える司祭や王族の家に生まれた人（インドにおける高いカースト の人たち）は、人生を4つに区切る「四住期《しじゅうき》」という生き方をしてきました。

1　学生期《がくしょうき》：8歳から25歳くらいまで。インドの哲学や神から贈られたこの心身について学びます

2　家住期《かじゅうき》：20代半ばから50歳くらいまで。結婚し、子どもを育てながら神に祈り、また、職に邁進し、人々のための祈りを行っていきます

3　林住期《りんじゅうき》：50代に入ると社会での役割を終え、真理を知るために森へ入って、苦行の生活に入ります

4 遊行期《ゆぎょうき》：75歳くらいからは自由になって、人に功徳を捧げていきます。エゴにとらわれず、自由に生きることができます

このように、人生の中に真理を知るための修行期間があり、それを終えた後に自由に生きる期間が設けてあるのです。ただ働くだけではなく、そこには悟っていくための生き方が含まれています。こうした人生のあり方は、生き方の一つの例として参考になるでしょう。

私は真理を悟ったことで、みなさんが最高の人間になれる道を示しています。悟りを目指し、純粋になっていく修行をするように導く活動を行っています。もちろん、修行を始めるのに社会や家庭での働きを終えるまで待つ必要はありません。私の会では、若い方も多く修行をしています。修行でパワーを受け取りながら社会生活で学びを得ていくことはできますし、人生を輝かせるために、何歳であっても、毎日ストレスを浄化してバランスをとり、常に純粋な人間へとリセットすることは重要です。いつの時代にあっても、内側を磨く生き方はもっとも大

切なことなのです。

本来、ヒマラヤ秘教は師から弟子への口伝《くでん》が習わし。ディクシャと呼ばれる入門の儀式は、ヒマラヤ聖者が修行で得た純粋なエネルギーの伝授を行うもので、深い過去生《かこせい》と今生《こんじょう》でのストレスを浄め、生まれ変わらせる力があります。そうして浄まったところで、瞑想の秘法を伝授するのです。瞑想修行は、瞑想をよく知る師を得ることで、安全にあなたの心の深い層までアクセスすることができます。最高の人間に変容する、悟りへの道です。潜在意識には過去生からのストレスが詰まっているため、それを安全に、きれいにしていくには特別な秘法が必要なのです。

本書ではまず、読者の皆さんの日々の悩みにお答えし、これからの100年人生を豊かに、心身を整えて意識を進化させながら生きるための考え方を示しました。ヒマラヤ聖者の愛によって、「はじめの一歩」ともいえる進化があなたに訪れることでしょう。

第1章

心の老い

落ち込んだり、腹が立ったり、モヤモヤしたり。
気持ちの切りかえは
年齢を重ねるとともに難しくなってくるようです。
人生を振り返って、
寂しさや物足りなさを感じる人も。
私たちがとらわれがちな、心の癖に気づき、
ポジティブに生きるための方法を伝授します。

自分の心の癖に気づく

＼お悩み…／

何だか「モヤモヤする」「イライラする」「ハラハラする」……。年を重ねるごとに、何となくネガティブな感情に襲われることが増えてきた気がします

人は、時間にゆとりが出てくるといろいろなことが気になってきます。現役で忙しい時期は仕事や家事に没頭していて、細かいことまで気が回らなかったからかもしれません。また、湧き上がってくる負の感情は、これまで経験してきた社会や家庭の中での激しい憤りや落胆の残骸によるものかもしれません。

私たちの心は、外側からの刺激を受けて揺れ常に変化するため、時にはジェットコースターに乗っているように変わり、一喜一憂しています。人生経験を重ねて「何があっても動じない」と腹を括ってみても、いざとなったらオロオロしてしまう。わかってはいても、心の揺れを食い止めることができないのです。

また、そうした心のあり方を変えることはなかなかできません。

自分が発した言葉への反応で、「嫌われているのではないか」などと考えて悩んだり、相手がなかなかこちらの望むように動かないことに苛立ったり、まだ起こっていないことに対して闇雲に不安を募らせたりする。それは自己防衛本能によるものです。

自己防衛本能は安全に身を護るためにあります。その一方で、自分の苦しみのもとになってしまうこともあります。たとえば猜疑心などは、注意深く生きるということにおいては有効ですが、度が過ぎると誰も信じられなくなり、ひいては孤独という苦しみを生み出してしまいかねません。このように人は、知らず知らずのうちに真理レベルの選択より煩悩を優先させ、それに翻弄されています。

しかも心は常に働き続け、休むことがありません。「いい人に思われたい」という欲求があると、批判されただけでモヤモヤする。「思い通りにできるはずだ」と期待していると、そうではないときにイライラする。「予定通りにならなくちゃ困る」と執着しているとハラハラする、といった具合に。そして、このように心が働くたびにエネルギーを消耗します。中高年になると体の老化が進むうえ、煩悩も増えていきますから、煩悩を手放していかなければ生きることがますます大変になっていくのです。

多くの人が、人間は心と体でできていると考えています。さらに、心や体が自分だと思い込み、心の言いなりになっている人がほとんどです。その奥に働く、神秘の存在である神については考えていません。科学者も神を信じる人はわずかです。しかしヒマラヤ秘教では、心身の中にそれらを生かしている未知の力が存在すると捉えています。実際に探求し、本当の自分、魂を発見したのです。

心には、否定と肯定の心があります。多くの人は否定的であるため、心が揺れ続け、さらに否定に偏ってしまい苦しくなっているのです。それゆえ昨今、幸せになるために〝肯定的な心でいること〟が盛んに推奨されています。ですが、無理に肯定しすぎると、今度は周りを疲れさせ、自分も疲れてしまうのです。

なぜイライラしたり、モヤモヤしたりするのか。どうしたらそれを鎮めることができるのか。この苦しい心に気づくことが、これから自分をどう幸せにしていくのか、そして真の成長をしていくのかの学びの一歩です。「人に苦しみを与える心とは何なのか」に気づいていくことで、いろいろな事柄をその都度ほどくことができ、楽になる。それも小さな悟りといえるでしょう。本当の自分はどういう存在なのか、それを探すことがヒマラヤ秘教の修行です。

創造の源とつながる

ここで、改めてお悩みを見ていきます。モヤモヤしがちな人は、世間体を気にする癖があるのかもしれません。イライラしがちな人は、自分の思い通りにならないと怒る癖があるのかもしれません。ハラハラしがちな人は、物事を悪い方向へと考える癖があるのかもしれません。

これらは、エゴという自分のこだわり、心の癖です。それに翻弄されていると、生命エネルギーを無駄に消耗し、生き生きとした感性が輝きを潜め、笑顔が消えてしまいます。また、ストレスがたまり、体の免疫力も低下してしまう。そのような心の使い方は、心身の老化を早めていくのです。

心の使い方の癖は性格となり、日々の言葉や行動に表れます。心の癖が妨げとなって他人との交流がうまくできなかったり、周囲の人が離れていってしまったりと、人間関係がうまくいかなくなる。それは、運命を悪いものにしてしまいます。

そもそも、自分の心の癖が何かわからない人も多いのではないでしょうか。「怒りやすい」「イライラしがち」というのはわかりやすいかもしれませんが、余計なことを言ってしまうことや、否定的であったり自己防衛的であったりすることは気づきにくいものです。ですが、そのことで周りの人は居心地の悪さを感じ、気が合わないと去っていってしまうこともあるのです。

なかには、人間関係がうまくいかなくなったことから自分を変えようとして、心をコントロールする必要性に気づき、いろいろと行動し始める人もいるようです。具体的には、自己啓発に傾倒する、神社などのパワースポットへ行く、宗教に走る、〝断捨離〟をする。あるいは、ストレス解消のために友人と食事に行って談笑したり、買い物をしたり、スポーツをしたり、ゲームをしたり、サウナへ行ったりしています。そうして心を平和に保とうとしているつもりでも、一時的によくなったように感じても、気休めにすぎません。また、日常から離れて読書をしたり、音楽のライブに行ったりし、好きなことに集中して元気づけられたように感じるかもしれませんが、根本から変わったわけではないのです。

ですから、外側からのちょっとした刺激で心にスイッチが入ると、癖は簡単に作動し、元の木阿弥となってしまいます。心をコントロールしたいという気持ちが、かえって強い執着になってしまうこともあるでしょう。


ヒマラヤ秘教は、あなたの心を変容させて楽にする根本療法です。その教えではまず、よい行為を実践していきます。もっとも大切なことは、源、つまり神の存在を信じることです。心の奥に私たちを生かしめている存在、神があります。もし「神」という言葉に違和感を抱くのなら、「自然」という言葉に置き換えるとどうでしょうか。人は自然から生まれ、そこには源があるのです。

自然の源から、愛と叡智とパワーの恩恵を受けるために私たちがするべきことは次の3つです。

1　正しく心を休ませること
2　正しく心を整えること
3　正しく心を成長させること

「正しく心を整えること」「正しく心を成長させること」については、本書の中でおいおい触れていきます。まずは、「正しく心を休ませること」についてお話ししていきましょう。

心は常に動いていますから、いろいろな考えや情報をシャットアウトし、感覚への刺激を止めます。すると、心が休まってきます。「心を休ませること」は、宇宙の科学でもある教えです。そのための秘法がヒマラヤ秘教の中にあります。それは「今」に集中し、常に自動的に動いている心を止めるというものです。

心の癖を許し感謝する

そもそも心の癖は、自分を助けるために発達したものです。「なくて七癖」というように、さまざまな癖があるのです。もともとは防衛のために必要だったものですが、今はそれが癖となって新たな歪みを生み、弊害が起きてしまっています。心身が複雑になり、無意識に神経を使うなどして消耗してしまっているのです。

心の癖を取ることは、誰にとっても容易ではありません。何十年もずっと癖を働かせてきたため、染みついたり頑固になったりしているからです。またその癖に気づいていたとしても、それを親や環境のせいだと考えている人もいるでしょう。しかし、他人のせいにして、人を責めてもその癖は直りません。自分を変えていくしかないのです。

科学の世界でも、心を変える研究が盛んになったのは近年のことです。フロイトやユングといった心理学者が心について研究し、人は生きる中でさまざまな行為や体験をし、その記憶がすべて潜在意識に刻まれて蓄積していることを解き明かしました。記憶が設計図となり、運命を決め、苦しみを呼ぶという見解に基づいて、フロイトやユングに続く心理学者がさまざまな心理療法をつくり出し、今も研究が進められています。

一方、ヒマラヤ聖者は深い瞑想の中で、こだわりや価値観のつくり出す心の癖がその人のキャラクターになっていくことを発見しました。人間の本質は純粋で穢れのないものですが、心に蓄積した記憶によってつくられた心の癖に阻まれて本質が見えなくなってしまうと捉えているのです。

ヒマラヤ秘教の教えは、心に蓄積した記憶の設計図を浄め、癖を取り除き、本質を再発見して探すという作業。ヒマラヤ聖者の悟りのパワーであるアヌグラハという神聖な波動の祝福により、人は純粋で穢れのない心を取り戻すことができると考えています。ただし、アヌグラハを受け取るためには、まず心の使い方を正していく必要があるのです。

苛立ったり、心配したり、恐れたりするのは心の使い方の癖ですから、そうした心を使わないようにしましょう。その代わりに、常に感謝の心を使うようにします。

いろいろなことを心配するのではなく、「問題を与えられたことは学びをいただいているということ」と感謝するのです。

怒りが湧くことに出会ったら、相手に感謝します。そして、あなたを怒らせる相手を許しましょう。同じように、あなたを心配させる何かを許します。心が否定的なほうに行かないようコントロールするのです。

相手は、あなたを成長させるために現れてくれた尊い存在だと思いましょう。また、表面的にはさまざまなキャラクターに見える相手でも、その奥には純粋な存在があるのです。

そうして実践していくことで、心の癖の方向に行かないようになります。いわば、新しい癖を身につけるのです。

さらに自分の源の本質を悟っていきます。それは心ではなく、純粋な意識を覚醒させていくことなのです。このあたりは、精神性が成長すると自然に理解できます。

心にたまったゴミを手放す

―お悩み…―

年々、「怒りが抑えられない」「悔しさや情けなさが止まらない」など、感情の歯止めが利かなくなってきた気がします。その気持ちをどう吐き出したらいいのかもわからず、自分の感情に翻弄される日々です

私のもとには、こんな悩みを抱える中高年の女性が多く訪ねてきます。そうした人の多くに共通するのが「自分さえ我慢すればいい」と考え、犠牲的精神で生きてきたということ。

トラブルの渦中にいるときには思い悩んでいなかった、というのも特徴的です。

慌ただしい毎日の中で、心が忙殺されていたのかもしれません。長い歳月の中で、我慢するのが当たり前だと心が麻痺してしまったのかもしれません。

いずれにしても心には我慢に慣れてしまうという性質があり、特に女性は忍耐力に優れているといわれています。ですが、鬱積していた我慢がどこかの段階で爆発して感情が暴走してしまう。更年期に爆発する人もいれば、認知症を患ってから爆発する人もいます。年を重ねてから爆発して、自分がわからなくなるのは恐ろしいものです。早めに予防しておかないと、人に迷惑をかけることになります。

ですから、日頃から心を正しく整えていくことが大切なのです。

ヒマラヤ秘教の修行には、「外側の修行」と「内側の修行」があります。

◇◇◇◇◇◇◇◇◇◇

●外側の修行：道徳的精神を養う。やりたい放題に生きて欲望を満足させるのではなく（睡眠、性欲、食欲も欲望であるため、それら

◇◇◇◇◇◇◇◇◇◇

もコントロールする)、布施や奉仕など慈愛をもってシェアする。心身エネルギーを正しく使う。シッダーマスターに習い、正しき道を歩むよう努める

●内側の修行：祈りと瞑想秘法を通して精神統一をする。感覚の統制をする修行、意識を進化させる修行、気づきの修行、愛を目覚めさせる修行、生命エネルギーを目覚めさせる修行、悟りの修行など細分化されており、その中心には神への信仰がある

ここで着目していただきたいのは、「外側の修行」です。

前述したように、ヒマラヤ秘教では、魂が心と体にエネルギーを与え、生かしていると捉えています。心の深いところの思い込みを取り、利己的でない愛を目覚めさせないと、心に翻弄されてしまい真理に向かうことができません。

愛には段階がありますが、最高の愛は宇宙的愛です。それは心の奥にあります。

それは神からの愛、源からの愛です。ヒマラヤ秘教はこの愛を目覚めさせる実践の教えです。頑な心が、源からその人の魂へと注がれる愛によって浄まるのです。

宇宙的愛は、心の曇りを溶かす無限の愛であり、枯渇しない無限の愛、変化しない無限の愛です。被害者意識を手放します。ありのままの素直な気持ちになります。自分への愛が湧き出るでしょう。調和が生まれ、魂レベルで自分を変容させていくことができるのです。

善行を行うといっても、布施や奉仕など慈愛をもってシェアする心からの善行ではなく、「〜せねばならない」などと本当は嫌なことを我慢して、無理に行うのは内側に負の影響を蓄積させていくことになります。

自分さえ我慢すればいいという発想の正体は、もめごとを回避したいという自己防衛本能から生じるエゴです。生きていくための方便として、無意識に活用してきたのです。

大切なのは、マスターを思い、神を信じることです。そして心のこだわりを手放します。我慢に我慢を重ねてたまった怒りの残骸、悔しさの残骸、恐れの残骸、悲しさの残骸……これらのこだわりを捨てます。

人にも自分にも期待しすぎない

お悩み…

子どもが独立して家を出た後、私はぽっかりと心に穴が開いたような寂しさにとらわれています。加えて、夫が定年を迎え、四六時中一緒に過ごしているうちに、今まではやり過ごせていた夫の横柄な態度に我慢ができなくなり、動悸がするように……。これが〝夫源病〟というものなのでしょうか

人生の中で、一生懸命取り組んでいたことから離れ、気が抜けて次に何をやったらいいのか迷う時期があります。無欲で子育てを頑張ったのち、子どもが一人、また一人と独立していく。そこに訪れるのは、何かぽっかり穴が開いたような寂

しさ、空虚感です。また、夫を煩わしく思うようになる〝夫源病〟は、心が「もう無理」と悲鳴を上げ、解放感を求めてストライキを起こしている状態。いずれにしても苦しい状況です。

「さまざまなことをしてきた」「すべきことはしてきた」という自負があるからこそ、報われないことが理不尽に思えてならないのです。人は他人に完全性を求めます。同時に深いところに、一生懸命やっても自分だけ報われないという寂しさや虚しさが芽生えます。相手からの感謝を期待して苛立ちを募らせてしまいます。家族であればなおのこと。ですが大切なのは、どんなときも自分の心を切り替えることです。

新しい生き方をしていきます。寂しさや苛立ちを人のせいにするのではなく、自己を見つめ、自分をリセットしていきましょう。人に幸せを求めるのではなく、自分を変えることで満たしていくのです。それをするには、「神様は見ている」という思いが必要です。そうすればどんなことも無償の愛で行うことができます。自分の価値観で完璧に物事を行い、「周囲の人に感謝される」「周囲の人に賞賛される」ことを願っても、そうなるとは限りません。人の心に注文をつけること、コントロールすることはできないのです。私たちはこのことを深く理解する必要があります。そうでなければ、いつまでも他者に期待してしまうからです。期待を裏切られれば落胆しますが、最初から期待しなければ当然落胆することもありません。

ヒマラヤ秘教では、「関わる人とは鏡の関係である」と説いています。私たちは人との関係性を通じてたくさんのことを学んでいきます。どんな人も、自分自身の問題点を浮き上がらせてくれる存在だと考えることが大切なのです。

普通の暮らしに感謝する

お悩み…

これまでの人生で、心からよかった、幸せだと思えたことはありません。人生後半にさしかかった今、私の人生は何だったのだろうなと考えてしまいます

誰もが、幸せになりたいと望んでいます。そして本当は、誰もが平等に生命力を与えられ、真の人間として成長するチャンスが与えられています。つまり、本来幸せでない人は一人もいないはずなのです。ですから私は、「自分はついていない」「いつも損をしている気がする」と訴える人は、生きるのが不器用なのだなと思います。

不平不満や不足ばかりを言う人は、いいことを見つけるのが下手なのかもしれません。そもそも人は、「いい出来事」は当たり前のこととしてやり過ごしてしまいがちです。病気にならないこと、あるいは何も問題が起きないこと、変化がないことなどについて、ありがたいと思えないのです。反対に、「悪い出来事」は黒い点のように印象的な出来事として記憶に残します。

たとえば、電車の事故で時間に遅れたりしたら、「なんてついていないのかしら」と苛立ちますが、予定通りに乗車している日のほうが多いはずです。いつも通りの日には感謝せず、ネガティブな一点を見つめて嘆くのです。

感謝するのを忘れ否定的になって嘆くことは、エネルギーを消耗し、やがて枯渇させます。そうして心が疲れて余裕がなくなり、人に対してさらにネガティブになり、自分は満たされていないという気持ちが強くなる。暮らしが粗雑になり食生活も乱れて、体調を崩してしまうかもしれません。そうなると、人に会うのが嫌になり、引きこもりがちになることもあるでしょう。

そうならないためには、よりよいエネルギーを注入して、悪い思い込み、あなたの価値観を溶かすことが大切です。

あなたが今できることは、悪い出来事に固執せず、普通の暮らしに感謝することです。何事もなく、一日を終えられるのは当たり前のことではありません。大いなる存在である源が見守ってくださっているおかげなのです。

どんなこともポジティブに捉える

ヒマラヤ秘教には、「ヤマ・ニヤマ」という教えがあります。

ヤ　マ：暴力を振るわない、嘘をつかない、盗まない、溺れない、淫らにならない

◇◇◇◇◇◇◇◇◇◇

ニヤマ：清潔にする、足るを知る、苦難を受け入れる、学習する、神とマスターを信じてゆだねる

◇◇◇◇◇◇◇◇◇◇

そして、感謝する。そうすることで、正しい心の使い方ができるようになるのです。

眠る前に「今日もありがとうございました」と源の存在に伝え、朝、起きたら「今日もよろしくお願いいたします」と源の存在に伝えます。

悪い出来事に遭遇したときは気づきをもって対応し、反省するのです。「長く生きていれば、こういう日もあるよね」と、すべてのことに感謝します。そうすれば、ネガティブな感情を流すことができるでしょう。

さらに、自分に与えられている豊かさへと目を向けます。今日あったよかった出来事を、日記に書き出してみるのも一案です。

心が満ちれば、冷静になって「これから何をしていくべきか」をじっくりと考えることができる。自分なりの答えを導き出すこともできるのです。

自分の価値観に縛られない

＼お悩み…／

人生の折り返し地点を越えた頃から、自分の頑固さに拍車がかかってきた気がします。柔軟であらねばと頭では理解しつつも、どうしても我を通してしまうのです

通常、年齢を重ねるとともにストレスが蓄積して神経は摩耗し、ホルモンのバランスが変化して、40歳を過ぎる頃には精神も肉体も下降線をたどります。そうして、更年期障害などの不定愁訴に苦しむ年代に向かっていきます。

こうした変化に加え、年を重ねるごとに思い込みも強くなって、人に合わせられなくなる人は多いようです。「こうでなければいけない」と、自分の価値観こそが正しい、自分の物差しが正しいと信じているのです。

たとえば、人に親切にすることを大切にする人がいたとします。もちろん、人に親切にするのはいいことなのですが、何が親切なのかは価値観によって違います。親切のつもりで困っている人に手を差し伸べても、相手にはありがた迷惑ということもあるのです。

相手の気持ちを優先した行為は親切ですが、自分の気持ちを優先した行為はお節介になりがちです。親切は無償の愛ですが、お節介には「いい人だと思われたい」といったエゴが潜んでいます。また、親切の動機が自分の寂しさにあるかもしれません。その親切に相手が依存すると、相手の人生をだめにすることにもなってしまいます。ですから、自分の欲望を満足させる親切をやめなければなりません。理想の親切は無償の愛です。見返りは求めません。したことさえ忘れてしまうものです。

親切かお節介かということに限らず、自分の価値観に縛られていると、物事の本質を見失ってしまうものです。心が頑なだと、視野が狭まり、物事を偏って捉え、それがゆえに何事もうまく運ばず、悩みや苦しみの多い生き方になってしまいます。もっと素直になれたら楽なのに、と頭のどこかで気づいている人も多いのではないでしょうか。

「今、自分は頑固になっているな」と思ったら、頭に冷たいタオルを当てましょう。あるいは、お風呂に入ってリラックスするなどもいいでしょう。また、ストレッチ運動もいいでしょう。心と体は連動していますから、体を柔軟にすることで心も柔軟性を取り戻せます。

そうしてプライドや驕《おご》り、思い込みを外し、寛容で包容力のある自分が本来の自分、純粋な本質なのだと気づくことが大切です。純粋でこだわりのない心の人は、幾つになってもしなやかに人生を歩んでいくことができるのです。

「欲しい、欲しい」の心を溶かす

お悩み…

そろそろ、家の中を〝断捨離〟してスッキリ片づけなければと考えています。いざ始めても、ものが多すぎてどこから手をつけていいかわからないうえに、ものを手にすると、どれも大切なものに思えてきて進みません

クローゼットからあふれるほどの洋服、棚に入り切らないほどの本や食器、アクセサリーや化粧品、趣味で集めたお気に入りのグッズなど、たくさんのものに囲まれて暮らしている人は多いようです。ものには関心がないという人でも、過去に褒められたことや愛された記憶を心の引き出しに入れて大切にしているかも

しれません。

心を満たすために、ものを集めたり身につけたりし、さらにものが捨てられず、増えていってしまうのでしょう。

またものばかりではなく、寂しさを埋めてくれる友人や恋人などに心を寄せていく人もいるでしょう。あるいはギャンブルや買い物、恋愛、アルコールなどに依存する人もいます。


人は誰しも何かを支えにしたり依存したりして、寂しい心を満たし、心のバランスを保とうとしています。いろいろな趣味や芸術、スポーツなどで人生を楽しむことは素晴らしいことです。しかし、それにこだわったり、忙しすぎるほどに依存したりしては、100年人生を生きるための前向きなエネルギーを消耗してしまいます。

ものへの執着、人への執着、状況への執着を多くの人が執拗に求めるのは、それが心と感覚の喜びであり、そのうえ味わいやすく、得やすいからなのです。また、ものをたくさん持つと幸せになり、人生が輝くという社会の価値観で生きてきているからなのです。

確かにそれは、一時的に感覚と心を満たすかもしれませんが、また次のものが欲しくなります。ですが集めたものは、死ぬときには何もあの世に持っていけません。

人は、執着するものに多くの時間とお金、エネルギーを注いでいきます。そして摑んだら、お金をかけた分だけ放したくないと執着するのです。なくなったらどうしようと恐れを抱くのです。

この世は、諸行無常といってあらゆるものが常に移ろっていきます。たとえば親子関係では、子どもが成長し、離れていきます。友人とのつき合い方も、職場や環境の変化によって変わっていきます。どんなに愛し合った恋人であっても、永遠に蜜月の時間を過ごすことはないのです。

執着すればするほど苦しくなります。一つの執着が終わっても、また違う執着するものを探すようになります。

「欲しい、欲しい」という心を手放せば、その奥にある本質の力にアクセスしやすくなります。それができれば、不安や恐れ、心の動揺に翻弄されることのない人生を自由に生きられます。

そのために必要なのは、自分を愛し、自分を信じることです。自分は大いなる存在に愛されていると気づくことです。

執着が自分を癒やすのではなく、大いなる存在の愛が自分を癒やしてくれるのです。

執着を手放すのは容易なことではありませんが、心は改善することができます。取り込む生き方から捧げる生き方へと方向転換するのです。人に優しくして、思いやりや慈愛を循環させるのです。笑顔で幸せをシェアします。見返りを求めない、無償の愛のシェアです。

思いやりを持って、社会の中で困っている人を助けるために寄付をするのも一案です。

また、いらないものをどんどん片づけます。不要なものを処分する場合には、それを買ったときの心境を思い出し、感謝しながら捨てていきます。別れた恋人との写真や思い出の品は、「さようなら」と言いながら処分します。見ていると悲しくなってしまうような、亡き人との思い出の品は、「ありがとうございました。もう大丈夫です」と伝えて、お焚き上げをするなど丁寧に葬るとよいでしょう。

そうすることで心の中もシンプルになり、凛とした姿勢で生きていくことができるのです。

いい思い、いい言葉、いい行為を心がけ暮らす

さて、ここまで100年人生を心地よく生きていくための心のありようについてお伝えしてきました。この章の最後にもう一つ、運命を好転させるために、ぜひとも知っておいていただきたいことをお話ししたいと思います。

運命をつくるのは、その人のカルマと呼ばれる人生の設計図です。カルマと聞いておどろおどろしく感じる人がいるかもしれませんが、カルマとは行為のことです。

心身の行為の体験が結果をつくり、潜在意識に記憶となって蓄積します。その結果の記憶のこともカルマ、仏教用語では「業」といいます。人は誰しも、行為の結果であるカルマを心の奥深くに背負って生きています。それが人生の設計図となり、その人の運命を決定しているのです。

ヒマラヤ秘教と仏教では、「輪廻転生」といって、私たちは前世でやり残したことを果たすために何度も生まれ変わると考えています。肉体は死んでも、魂は死にません。今生を生きる私たちの魂は、人間が創造されてから長い年月の中で、何千回、何万回も生まれ変わってきました。

魂を包むアストラル体という心の体があり、そこに過去生からの心の体験が記憶されているのです。心は何生ものすべての過去生の中で、いろいろな経験を通して、さまざまな感情を味わってきました。

成功したときの喜び、失敗したときの落胆、愛し愛されることの素晴らしさ、愛を失うことのつらさ……。心の潜在意識にすべての記憶があるのです。

各々の潜在意識の中に刻まれた膨大な体験の記憶のエネルギーによって、個性的な人格が生まれます。優しい人、クールな人、神経質な人、純粋な人、疑い深い人、素直な人、強い人、情熱的な人、さっぱりした人といったキャラクターが生まれるのです。

好き嫌いや、器用不器用といったことも前世の影響を受けています。顔つきや体型、体質や気質などは、魂が過去生で成しえなかった願いを果たすという視点で選んだ両親によって変わってきます。また、先祖のいろいろな縁の記憶もあります。それは現代科学でいうところのＤＮＡでもあるのです。

また今生に生まれるときに、時代や性別、国籍といったことも選んでいます。こうしたことは、努力では変えられない過去生の宿命といわれるものです。どんな家庭環境で育つかも過去生からの魂が決めてきた宿命であることを思えば、今世での人生を変えるのは至難の業だと思う人もいることでしょう。

ですがヒマラヤ秘教には、カルマを浄化してその質を変える、つまり運命の設計図を書きかえるための高次元の悟りのエネルギーと叡智があるのです。その教えとは、「あなたが変われば、すべてが変わる」というものです。意識には私たちが日頃感じている表層的な意識「顕在意識」と、その内側にある意識「潜在意識」、神とつながっている意識「超意識」がありますが、ヒマラヤ秘教の叡智によって、潜在意識、そして超意識も変化するのです。

「カルマの法則」「因果の法則」ともいいますが、その人の行為の結果は潜在意識に記憶され、それに応じた結果がもたらされるという法則が働いています。過去生・今生・来世のつながりについてはあとの章で詳しく説明しますが、来世以降の人生は、今生で積んだカルマの波動と同じ質の波動のところへ導かれます。

幸せは、待っていても来ません。今、生きているときによいカルマ、行為をする必要があります。

よい体の行為をし、よい思いの行為をし、よい言葉の行為をするのです。見返りを期待しないで、よいカルマを積んでいくことが大切です。潜在意識に植えられたそのよいカルマの種からは、将来よい芽が出るのです。自ら率先して無心で善行を積むことこそが、カルマから自由になり、運命を好転させるための秘訣なのです。

やってみよう！

1

感情を鎮めるトレーニング

長年染みついた心の癖はなかなか直らないもの。
不快な感情が湧き上がってきたら、
愛と感謝とともに以下の対処法を実践し、
感情を鎮《しず》めていくトレーニングをしましょう。
繰り返すうちに、すべては学びをいただいていると、
冷静に見届けられるようになるはずです。

怒り

体の熱を放出するように、「アーアーアー」と大きめに声を出しながら、肩、腕、胸元、足などを軽く叩く

イライラ

体からガスを抜くイメージで、「フッフッフッ」と短く息を吐きながら、「怒り」の項と同様に肩、腕、胸元、足などを軽く叩く

不満、ストレス

体の深いところから毒素を出すように、長いため息を吐く。落ち着くまで、何度か繰り返す

不安、悲観

負の感情を消し、心の空洞を埋めるように想像しながらコップ一杯の水を飲む

嫉妬、競争心

足の裏からエネルギーが放出されるように地団駄を踏む

足の裏の感触を意識しながら、ゆっくり歩き回る

マイナス思考、被害妄想

マイナスな気持ちを振り払うように、手首を軸に手を左右に振る。その後、「学びをありがとう」と心の中で唱える

後悔、落ち込み

体内の空気を入れかえるように、大きな声で「アーッ」と叫ぶ。お風呂で腰から下を温め、あるがままの自分を受け入れて、夜はゆっくり休む

第2章

体の老い

体力が落ちて疲れやすくなった。
肩こり、腰痛、関節痛を何とかしたい。
病気や認知症が不安。
白髪やシミが気になる……。
年齢なりの変化を和らげ、
健やかな体を手に入れるには
体と心のバランスを整えることが不可欠です。

体に心を合わせていく

お悩み…

このところめっきり体力が落ちたと実感。友人と会うにしても趣味の習いごとに通うにしても、楽しみな気持ちはあるのに、体がついていきません。これまでは難なくこなしていた家事も、何だかしんどくなってきました。少し無理をすると、何日もぐったり疲れてしまいます

年を重ねれば、体力的に若い頃にはできたことができなくなっていくものです。それは自然のことです。体中の細胞は新陳代謝を繰り返しながら、いつかはそれも終わります。そして体の寿命もあり、いつかは誰もが死を迎えるのです。

心は若い人に負けないといっても、筋力や内臓の力も弱くなり、何となく疲れやすかったり、覚えが悪くなったりと、老化を感じることでしょう。

そんな中、何かしらの健康法を行っている人も多いようです。マッサージに行ったり、サウナに行ったり、歩いたり、ダンスをしたり、山に登ったり――。ですが、スケジュール管理をし、時間に遅れないように行かなくては、と常に追われているような状況では、自覚がなくてもエネルギーは消耗しています。

人間は精神がある動物です。単なる体力アップや見た目の若さを目指すのではなく、人間性や人間力を高める生き方をしていくのはどうでしょうか。心を整えたうえで体のバランスをとります。そこに、祈りと瞑想、善行活動を加えるとよいと思います。人間のみができる進化の仕方です。自然が生かしているこの体の命の働きに感謝して体を動かし、人のためにもなる生き方をするのです。そして、生命エネルギーが引き出されるように整えるとよいのです。そのためには、健やかな体を手に入れる必要があります。

体を構成する5つの元素

健やかな体を手に入れることについて深く理解するためには、まず私たちの体がどのように構成されているかを把握しておくことが大切です。

ヒマラヤ秘教では、太古の昔から宇宙と人間について探求してきました。そして宇宙が「土」「水」「火」「風」「空」で構成されているのと同じように、人間もまた、この5つの元素で構成されていることがわかったのです。ヒマラヤの聖人たちは、人間の一人ひとりが「小宇宙」であると捉え、大宇宙の一部であると考えてきました。この小宇宙を整えることが、世界を整えることにも通じるのです。

それぞれの元素が何を構成し、どんな働きをするのかは以下の通りです。

土の要素：肉体を作る（筋肉、歯、骨などすべての要素が含まれる）。力強く安定する。また、すべての元素を含み、創造の力、慈愛の力がある

水の要素：水分や血液などを作り、流動する。感情をつかさどる。変化するもの

火の要素：体温をつかさどる。物質を分解する。行動力を生む。ものを変容する力

風の要素：気をめぐらせる。空気を肺に送り、酸素を血液と結合させて全身に送る。心の作用、コミュニケーションの力

空の要素：体を軽やかにする力。意識が進化し、直観が働く。煩悩を消して、心を空っぽにする力

5つの元素の割合は人それぞれのカルマによって先天的に異なり、それが体質や気質となって表れます。たとえば、水のエネルギーの多寡《たか》で、乾燥しやすかっ

たり、むくみやすかったりします。また、火のエネルギーの多寡によって、のぼせやすかったり、逆に冷え性だったりするのです。

この元素は、さらに「タマス」「ラジャス」「サットヴァ」という3つのクオリティ（性質）に分類されます。

タマス：重たく濁ったエネルギー。土や水の要素が多いと物質的で重い

ラジャス：活動的なエネルギー。水や火の要素が多いと、熱が多く情熱的

サットヴァ：純粋なエネルギー。風や空の要素が強いと変化しやすく、純粋性がある

5つの元素の種類と3つのクオリティの組み合わせにはカルマの記憶が反映され、個性的な体のエネルギー構成が生まれます。過去生からのカルマの質をベー

スに、生まれてからの生き方と生活環境などによる心の変化に伴って、体のエネルギー構成は移り変わっていくのです。

先に、５つの元素の一つである「水」は感情をつかさどるとお伝えしました。それは、よい感情を抱けば水のエネルギーは浄まり、ネガティブな感情を抱けば濁るということです。さらに、激しくネガティブな感情を抱くと、水のエネルギーはうねり、体力をも消耗してしまいます。それと連動して心が萎むのです。

心と体は互いに影響し合います。特に、心が体に影響します。５つの元素の体のクオリティはカルマでつくられます。通常はこれを自力で変えることはできず、その変化には何生もの輪廻転生が必要です。ですが、正しい思考、言動、行為を心がけ、正しい瞑想や祈りの生活を送り、心身を浄化することで変化します。

人のエネルギーは、ジャッジの心、否定的な心、頑固な心、怒りや怨念、悔しさ、悲しみ、苦しみの感情によって、「タマス」という重たく濁ったクオリティになってしまいます。ですから、ネガティブな感情を取り除くのです。そうすることで純粋でパワフルな本当の自分である魂に出会うのです。そのために心身を浄化し、曇りを取り除いていくのです。

体を正しく使う

心身の浄化については、第1章で「外側の修行」と「内側の修行」について触れました。外側の修行、つまり体の修行は、善行を積むことと、奉仕と布施を行うことが伝統の修行で、エゴを落とし功徳を積むことができます。

よいことの基本となるのが、真のヨガの八支則という真理への道の教えと、お釈迦様が最初に説法をなさったときに説かれた「八正道《はっしょうどう》」があります。

◇◇◇◇◇◇◇◇◇◇

1　正《しょう》見《けん》：正しく曇りを取った心で見る
2　正《しょう》思《し》：正しく曇りを取った心で思う

◇◇◇◇◇◇◇◇◇◇

3　正《しょう》語《ご》：正しく思いやりをもって言葉を使う
4　正《しょう》業《ごう》：正しく人を傷つけない行動をする
5　正《しょう》命《みょう》：正しく食べ、眠り、命を尊ぶ
6　正《しょう》精進《しょうじん》：正しく忍辱《にんにく》をもって精進する
7　正《しょう》念《ねん》：正しく精神を統一する
8　正《しょう》定《じょう》：正しい瞑想が起きる

このように八正道の1から5までは、心と体を正しく使うことの大切さを説いています。6、7はさらに一点に集中し、8は深く瞑想して真理に向かうことを促しています。

八正道の「正」は中庸を意味し、善悪の基準での正しさのことではありません。そのことを示しているのが、1の「正見」です。正見とは、色眼鏡ではない、偏らない純粋な心の目で見るということ。私は、「ドラスタバワ」という気づきの瞑想法を伝授しています。ドラスタバワとは「見るものと見られるもの」という意味で、意識を進化させていきます。

お釈迦様もインドの伝統の悟りへの道を学んでいきました。お釈迦様は、「自分の価値観で見るのではなく、正しく純粋な心でジャッジなく見ることの大切さ」を伝えています。つまり既存の道徳観を持ち出して、「いい人」を装うといったことも八正道に反します。「いい人に見られたい」というエゴを隠して、表面的に明るく感じよく振る舞っても、それは純粋な心にはなっていないのです。

八正道の1から5を実践して、心と体の曇りを取っていきます。人から「いい人」に見られたいという欲の思いではなく、無欲で思いやりのある行為と言葉を使い生きていきます。神意識になるように、心身を浄化していきます。

善行は、慈愛をもって謙虚に自然に行うもの。感謝しながら行うべきものです。するとカルマの法則により、高次元の存在から恩恵をいただくことができます。無理をしなくても自然に人から慕われ、信頼される人間になれるのです。

八正道や八支則を実践して生きてきた私は、78歳になる今も心身ともに元気です。病気は抱えていませんし、風邪一つひかない健康体を保てています。

　八正道の最後にある「正定」とは、正しく瞑想すること。これは「内側の修行」に当たります。瞑想は潜在意識へのアプローチです。シッダーマスターの導きなしに深い瞑想をすることはできませんので、自己流で行うことはやめてください。とはいえ、生活の中で静寂の時間を持つのはいいことです。

　雑音を消して耳を休める、目を閉じて目を休める、話すことや食べることをやめて口を休める、呼吸を意識して自律神経を整える——。そうして「無」になる時間を1日に5分でも持つという習慣を取り入れるとよいでしょう。

　無心で花の手入れをする、集中して絵を描く、犬の散歩がてら黙々とウォーキングをする、月を眺めてボーッとするといったことも小さな瞑想です。

心と体の関係性について考える

お悩み…

慢性的な肩や背中のこり、腰や関節の痛みに苦しんでいます。病院に行っても「年齢的なもの」と言われ、マッサージ店などに通うと一時的には和らぐもののの、ぶり返すという状況です

もしかしたら、頑なな心が原因かもしれません。第1章でも触れましたが、頑固という感情のエネルギーは重く、こだわりを守ろうとすると体は緊張して重くなります。また、頭を使いすぎたり、気を使いすぎたりしていると重心が上に来て、肩や背中など上半身の血行が悪くなるため、慢性的に緊張している状態になってしまいます。そうしたところに痛みなどが生じるのです。時にはそのことが引き金になって、大きな病気を引き起こすこともあります。

若い頃は柔軟な考えだった人でも、年をとると頑固になることが少なくありません。そういう人は、自分の価値観こそが正しいと信じています。自分の価値観に縛られていると、物事の本質を見失ってしまいます。それがゆえに物事がうまく運ばず、悩みや苦しみの多い生き方になってしまうのです。

不調を感じている部分をもむだけでは解決しませんが、頑固さは肩や腰、関節の痛みとして体に表れることが多いため、痛みを感じている人はそこのところを動かしてほぐすこともおすすめします。

全体に若返りたいなら、シッダーマスターのもとで修行して、思い切って大改造する必要もあると思います。あなたの中の5つの元素を順次浄めていき、空のエネルギーを増やしていくと、心身が軽くなることでしょう。そうなるには音の波動で浄めたり、光の波動で浄めたりする方法があります。

体を健やかに保つための自己管理

身体機能を健やかに保つため、自己管理を日々行うことも大切です。当たり前のことですが、自分のことは自分でやるようにして、意識的に体を動かすこと。散歩を日課にする、掃除など家事を通して体をこまごまと動かすこともいいでしょう。いずれにしても、継続することが重要です。

また、食生活を整えるのも重要なこと。私自身、体質に悩んでいた過去があり、食事のことはかなり学んできました。そこでたどり着いた大切なことは、以下の3つです。

◇◇◇ 1 腹八分目を心がける ◇◇◇

2　栄養バランスを考える
3　感謝して食べる

1と2についてはここでお伝えするまでもなく、すでに実践しておられる方もいるでしょう。3の「感謝して食べる」というのは、大いなる存在からの恵みに感謝するという意味です。

健康のために、「甘いものはよくない」「塩辛いものはよくない」「添加物の入った食品はよくない」とコントロールしている人もいるでしょう。ただし、それが行きすぎて、過度に神経質になり、不安を抱えながら食べるのもよくありません。こだわりすぎないことも大切なことです。

基本的には、バランスよく体が喜ぶものを、感謝して、「美味しい！」と思って食べればいいのではないでしょうか。また、ゆっくりと味わいながら食べるといいでしょう。

病気に感謝する

お悩み…

2人に1人ががんになる時代。高齢化が進み、認知症の人も増えています。自分がいつまで元気でいられるか心配です

誰でも、病気や認知症になる可能性があります。ですが、そもそも今起こってもいないことに対して不安を抱いても仕方がありません。ヒマラヤ秘教では、私たち一人ひとりのカルマによって生じた体質とエネルギーの性質によって、心臓、呼吸器系、消化器系、肝臓、腎臓といった体の部位に弱いところがあり、疲労や精神的なストレスで免疫が落ちるとその部分に不具合が生じてしまうことがあると考えています。持病も過去生の影響と捉えています。

そして、そうした運命として決められたカルマを変える力があるのがヒマラヤ秘教です。サマディの修行を完成したシッダーマスターの祝福は、最強のアヌグラハ、つまり慈愛のパワーに満ちています。そのシェアをいただくことで、誰もが神聖に生まれ変わり、悩みから解放される。老後の問題が解決を見るのです。ここではヒマラヤ秘教の「自分が変われば、すべてが変わる」という教えを通して、病気や老いを受け入れていく術をお伝えします。

病気になると、多くの人はまず自分を責めます。「もっと規則正しい生活をしていたら」「もっと早く病院に行っていたら」と悔やみ、そうしなかった自分を追い詰める。老化現象に見舞われると、「もう自分は使いものにならない」などと嘆くのです。

私たちは生物の中で唯一、心を与えられています。試練があり、乗り越えるためにこそ心を使い、その使い方が問われます。どんなに悔やんでも、どんなに自分を責めても現状は変わりません。

人生は学びなのです。何か問題にぶつかることで、大きな学びをいただきます。大病を経ることでも同じことが起きます。そうして人生観が変わったという人がいます。自分は傲慢だったと悟り、謙虚に生きようと心に誓う人や、周囲の人の優しさに触れ、心を入れかえた人も。病気を機に食生活を見直したという人もいました。病気が大切なことを教えてくれる機会となったのです。

心配をしすぎるとエネルギーが消耗します。治療をするなど、すべきことをしたら、あとは大いなる存在にお任せをすることが大切です。心を使わない練習です。自分を信じて現実を受け入れます。老いに関しても、否定的な心を使うと生命エネルギーが消耗し、老化をさらに早めます。ですから、常に心を無にするか、前向きに働かせていきます。

失ったものを追いかけるのではなく、残されている機能を生かして堂々と生きていきましょう。

内側からにじみ出る美しさに着目する

お悩み…

シワ、シミ、タルミ、白髪など外見の変化に日々戸惑っています。これから先、さらに年を重ねることとどう向き合っていいかわかりません

年を重ねることは素晴らしいことです。ですが、表面的な美しさを保つためのさまざまな情報が氾濫し、若くないことがいけないことであるかのようにネガティブに感じさせる風潮があります。

また、外観や見た目でのジャッジを体験し、傷ついたことがあると、外見へのこだわりが強くなっていくこともあります。それは自分をよく見せたい、人から

バカにされたくないといった自己防衛心の表れです。本来なら、社会にもっと、年をとることの美しさを伝えていかなければならないのです。年長者を尊敬できる社会にしていかなければならないと思います。

歪んだ意識を変えるには、「適当に」と考える聡明さが備わるといいのです。チャランポランになるということでなく、「ほどほどに」ということです。「きれいでいたい」と躍起になるのでもなく、「どうでもいい」と投げ出すのでもなく、ただ自然に受け止める。つまり、自然の摂理を受け入れるということです。外見的な衰えは止められませんが、その年齢なりの美しさがあります。たとえば、目じりのシワには優しさがにじみ出ています。人としての真の美しさを追求することこそが生まれてきた目的であり、老いを受け入れることも悟りなのです。

あなたの魂はもともと輝いています。しかしあなたは、輝くダイヤモンドを内側に求めるのではなく、宝石のダイヤモンドや美しい洋服、スタイル、肌など外側のものを求めていました。そうではなく、あなたには何よりも美しい生き方を求めていただきたいのです。

地球を美しく、日本を美しくといった思いと同じように、自分も美しくありたいと考えます。それにはあなたの生き方が重要なのです。頑張ってお化粧をしたり、エステを受けたりすることは真の美しさにはつながりません。

真の美しさは内側からやってきます。自然の美しさです。源につながり、内面から浄化してバランスをとると、表面もバランスがとれて、余計なものが落ちた自然の美しさに変わっていくでしょう。その一方で、あるがままを受け入れます。人は誰しも年とともに失うものがありますが、現実を受け入れることで「そういうものだ」という小さな気づきを得ます。いろいろな心の執着が取れていくと、大らかな心に変容していきます。この大らかさこそが、人生後半を美しく生きるため、若々しくあるための心のミネラルなのです。

今あなたができることは鏡を見て、笑ってみることです。年齢を問わず、笑顔に勝る美しさはありません。私はよく笑うのでシワもいっぱいですが、気にしたことがありません。内側からの喜びで、顔の筋肉も生き生きと動くようです。1

日のはじめに笑ってください。おなかを抱えて笑います。1分間でいいのです。以前、私が考えた口の体操があります。舌先で歯を数えます。内側からと外側からと、舌先でなぞってみましょう。こんなささやかな体操でも、口元を若く保つことに効果があります。

肩の力を抜いて無邪気に生きる

お悩み…

「若く見られたい」「年を重ねてもオシャレな人でいたい」と思い努力をしていますが、その半面、「いつまで、努力し続けなければいけないのか」と疲れてきてしまった自分もいます人目が気になる癖は、どこでついたのでしょうか。もしかすると完璧主義者なのかもしれません。いずれにしても、自分のことが気になると人のことも気になり、時に批判的になる傾向があります。

ジャッジする心は、自分を正当化したいというエゴから生まれるものです。「あの人は間違っている」などと決めつけて、優位に立とうという心理が他人をジャッジするという行為に走らせます。そもそも、自分と人を比べる心の癖が問題なのです。

清潔にすることはいいことですし、身だしなみを整えることは大切なことです。たとえば、同窓会へ行くために新しい服を買おうというくらいならば身だしなみの範囲といえるでしょう。ですが、高級ブランドのバッグや洋服を必要以上に無理して買うなどは、自分で意識していなくても、そこにはかすかな虚栄心というエゴがあり、それに翻弄されているということなのです。何かの満ち足りなさを、それで満たそうとしているのかもしれません。こうしたことが、そのうち癖になってエスカレートしていき、どんどん派手さが増してしまうということもあります。

また、その瞬間は満足感があっても、エゴである以上、のちに虚しさに襲われます。人は意外に他人のことは見ていません。何かを考えていて忙しく、気にかけているのは自分のことだけです。

もっとも、成長しようという欲求は誰の中にもあります。生存欲求です。人間はそれに加えて心が発達し、他者を蹴落としてでも勝って何かを手に入れたいという競争心が生まれました。もっと相手を助ける愛が必要です。

人生後半を生きるあなたは、もう十分に頑張ってきました。これから先は勝ち負けを競うのではなく、周りの人の幸せを願い、平和と愛を分かち合う生き方をしていくとよいと思います。それは内側から湧き出る平和と愛です。そのために内側を磨いていくのです。それが年をとらず、内側から輝く生き方です。あなたの本質はダイヤモンドのように光り輝いています。そこからのパワーを引き出します。まずは肩の力を抜いて、子どものような無邪気さと純粋性を取り戻していくことを目指したいものです。

エゴは心の鎧です。刺激を受けるたびに構えてエネルギーを使い、さらに頑固になっていき、やがてエネルギーが尽きて干からびてしまいます。誰かに褒められて表面的にうれしくても、喜んでいるのは自分の中のエゴです。虚栄心に翻弄されていては、結局のところ疲れてしまうのです。

もう、そこから卒業しましょう。大らかさや優しさといった内からにじみ出るパワーこそが真の美しさであると悟る叡智、叡智を得ることで備わる品格は、これからでも身につけられるのです。

あなたの内側深くには、最高の美しい存在があるのです。その美しさがあれば、お風呂に入って体を浄め、清潔な衣類を着るだけで十分です。透明な美しい輝きは、何にも勝る美しさなのです。

やってみよう！
2

体のバランスを正すプチヨガ

ストレスを受けると体は老化し、硬くなります。
影響を受けやすい3ヵ所をほぐして、
蓄積したストレスを体から取り除いていきましょう。
体のバランスが整ってくると、
頑固になった心も生まれ変わりやすくなります。

肩甲骨、肩

気を使ったり、頭で考えすぎたりするところのが、
肩甲骨の内側の膏肓《こうこう》。
柔らかくしていくと、体全体がほぐれます。

肩を回す

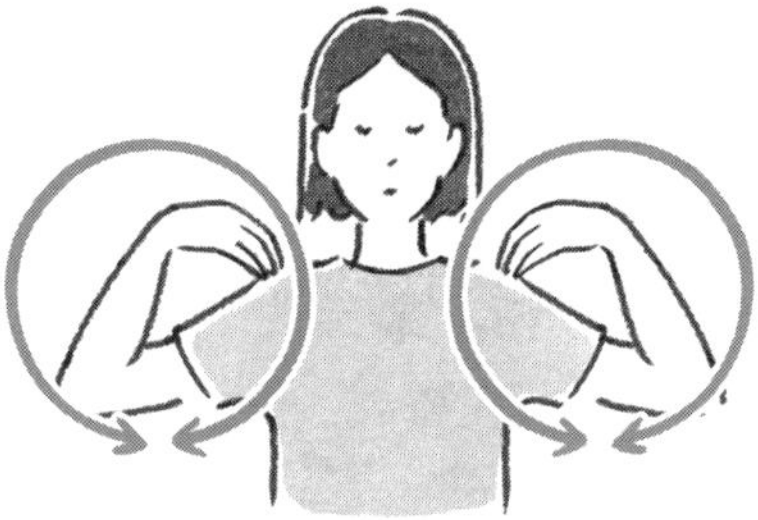

椅子に座り、肩に手を置く。肩甲骨を大きく動かすように後ろに５回、前に５回、回す

〈１日３セット行う〉

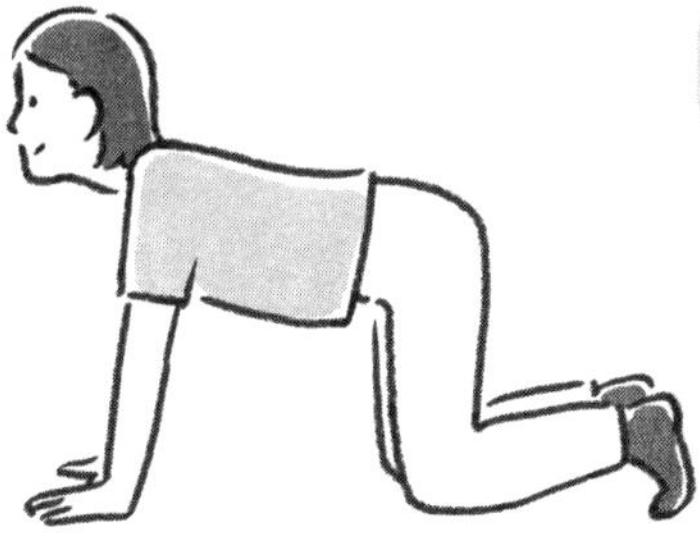

肩甲骨を引き上げる

1
四つん這いになる
（顔は前方に）

2
おなかに力を入れながら、肩甲骨を上に引き上げる
（顔は下向きに）

〈１日３セット行う〉

目

「目は心の窓」。

視神経の緊張をほぐし、脳をリラックスさせます。

眼球を動かす

眼球を上、下、右、左としっかり止めながら動かし、次に、右回りや左回りにぐるりと回す

〈1日2セット行う〉

光（情報）を遮断する

1 くぼみをつくった手のひらで、光が入らないように両目を覆う。このとき、目は開けたままにする

2 何も考えず、手のひらの中の暗闇を1分くらい見つめる

〈1日2セット行う〉

腰、骨盤

体の中心にある腰や骨盤は、エネルギーを全身にめぐらせ
ホルモンを整える重要な役割があります。
よく動かして体全体のバランスも整えていきます。

腰ごと膝を前に突き出す

1 椅子に座り、太ももに手を置く
2 足の裏は床につけたまま、腰から膝までを前に突き出す動作を、左右片方ずつ繰り返す

〈1日3セット行う〉

腰を回す

1 両足を肩幅に開き、腰に手を当てる
2 右回り、左回りと交互に腰を回す

〈1日3セット行う〉

第3章

お金の不安

先の見えない社会情勢の中で
100歳まで生きるといわれても、
はたしてどれだけ貯金があればいいのか？
多くの人が頭を悩ます問題ですが、
どんなことが起きても
慌てず生きる術を教えます。

お金は無私の心で使えば回る

＼お悩み…／

ますます長寿社会になっている日本。長生きしたい半面、自分が何歳まで生きるかわからず、老後資金が足りるかどうかという不安が常にあります

お金は大切なものです。衣食住を維持するためにはお金が必要ですし、「衣食足りて礼節を知る」ということもあるでしょう。

人の抱く欲望には際限がありません。好きな人と結婚して幸せかというと、すぐに飽きて、車が欲しい、素敵な家が欲しい、海外旅行をしたい……と思うようになります。そして、それらを手に入れるためにお金が欲しいと望み、夫に出世してほしいと願い、といったように欲望は数珠つなぎになっていくのです。

老後資金にしても同じです。貯金がいくらあっても心は満たされず、不安があります。「もっとお金があれば、もっと安心できる」と考えるのです。またお金が貯まったとしても、そのお金がなくなったらどうしようとハラハラするのです。

多くの人が、お金は使えば減ると考えています。ですがエネルギーの流れは、出すと新たなエネルギーが入ってくるのです。お金もエネルギーであり、よい心で出すとよい流れが生まれます。つまり、お金に対して不安があるならば正しいお金の使い方を知る必要があるのです。

自分本位でお金を使うと、執着になります。そしてそれを繰り返すと、お金もエネルギーも消耗して減っていくのです。他方、その執着を取るためのお金の使い方があります。エゴを手放す使い方です。人々を救うために布施をします。しかし注意したいのは、尊敬されたい、見栄を張りたいといったエゴ、欲のこだわりが働いてしまえばよい結果につながりません。無私の心で使ったお金だけが回るのです。

また、今、恵まれていることに気づきましょう。嫌なことがあったとしても、学びをいただいているのです。住む家があること、今日もご飯が食べられること、必要なものが与えられていることに感謝する人は、大いなる存在から愛されます。

不安ならば感謝の心を持つことです。そうして善行を積みましょう。家の前の道をきれいに掃除する、ゴミ捨て場が荒れていたら整える、家族の幸せを祈るのも善行です。愛をシェアして生きていれば、先のことを思い煩うことなく、心穏やかに安泰に暮らせるでしょう。

お金はエネルギーです。人を生かし、自分が成長する使い方がよいのです。お金は悪いものではありません。使い方次第であなたの執着が取れ、功徳を積むことになります。愛をもって、自分を進化させ、人を生かすこと、世の中がよくなっていくことにお金を使っていきます。

インドの人はよく奉仕や布施を行い、功徳を積みます。私のところの瞑想道場でも、道場のお掃除をする奉仕や、この世界を浄めるための世界平和運動への布施や奉仕を推奨しています。

そして今あなたができることは、すべてに感謝の心を持って過ごしていくことです。そうすることで、自分にとって本当に必要なものは何かがわかってきます。あなたが真理の道に導かれれば、健康になり、死ぬまでよいカルマを積むという生きがいを持って、老後はさらに輝き、軽やかに生きていくことができるのです。

お金信仰から脱皮する

戦後、高度成長を遂げた日本は立派な先進国となり、豊かで便利な生活が広がりました。経済が発達して、みなさんの能力はさらに磨かれ、物欲も加速したように思います。

誰もがハイテクな暮らしを享受し、高級ブランド品を持つことができ、さらに見栄や体裁を気にすることが強くなり、趣味や娯楽などの楽しみを求める人も多くなり、エネルギーが活発に働いているように思います。

しかし、お金だけでは手に入らないものがあります。それは「幸せ」です。「お金があれば欲しいものは何でも手に入れられる。それが幸せだ」と考えてしまいがちですが、私たちがどんなに物質的に豊かな暮らしができたとしても、またた才能があってどんなに人に賞賛されたとしても、魂レベルの純粋な愛がなければ虚しさを感じるのです。そして魂レベルの愛は、お金では買えません。お金の力で私たちの心を真に満たすことはできないのです。

お金は、あればあったで猜疑心が募るようです。親切にしてくれる人がいても、お金があるから寄ってくるのだろうと疑い、不信感が強くなって心を閉ざすことが多くなり、そうなると本当の愛さえ受け取ることができません。世間でお金持ちといわれている人であっても、心が満たされていない人は多いのです。

一方、経済的に恵まれない人であっても、心豊かに暮らしている人がいます。私の瞑想道場では皆、自分を信じ、見えない存在を信じ、よいエネルギーが満ちる生き方をしています。すると、どんな状況でも幸せを感じて、すべてに感謝できるのです。家が手狭でも、質素な食事であっても、愛する人と一緒であれば心は満たされます。昔の日本もそうしたところがありました。

今はものがあふれていて、感謝の心がなおざりになっている気がします。あの人は持っているのに、自分は買えないなどといった比較する心が生まれ、不幸を感じることも多いのではないでしょうか。「あの人はお金持ちなのに、私はなぜ……」と、人と自分を比べて落ち込んだり、嫉妬心を募らせたりといったお金に対する価値観を持つことで、エネルギーを消耗します。お金が幸福を与えてくれるわけではないのです。

よい心で布施などを差し出すことでよいお金の流れが生まれ、人を救い、あなたの善意があなたの功徳になります。また、よい心での善行がさらに感謝の恵みとなり、力を得て、さらに成功していくことにもなるでしょう。損得勘定のない善行の循環によってエネルギーが回り、人が生かされていくのです。

お金を利己的な欲望のために悪い使い方をすると、のちのち苦しみが発生します。利己的な心を取り除いて、みんなへの思いやりや慈愛で人を生かすために使っていくと、神がそれを見ていて、もっと豊かになることができるのです。私たちが真に幸せに生きていくためには、お金信仰から脱却する必要があるのです。

ヒマラヤ秘教の教えでは、「この世に自分のものは一つもない」と説いています。すべて神様からの預かりものだと捉えているのです。

私たちは裸で生まれてきました。そして、どんなにお金に執着して貯めていても、死ぬときには持っていけません。

人はお金を得ること、お金を守ること、お金を増やすことを考え、その欲望に振り回され、エネルギーを消耗して疲れ切っていきます。そうではなく心身を浄め、人格を高めることに大切なエネルギーを傾けていただきたいのです。

現状に不満を抱き、「神様なんていない」と言ったり、親や社会、周りの人のせいにして文句ばかり言ったりしていても自分は変わらないのです。今、与えていただいている恵みに目を向けて感謝します。「ありがとうございます」と唱え、あるがままを受け入れ、欲望を手放していきます。そして、お金があってもなくても感謝をするのです。すると「もっと老後資金を貯めなくては」と焦る気持ち、不安な気持ちは消え、無駄な欲望が消えて、楽になるのです。

心身が浄化されると、心の曇りが取れて、源の神の力が現れ、平和になるのです。自己防衛で損得勘定をしてしまったり、出し惜しみをしてしまったりしているうちは、まだ心身が浄化されていない状態です。利己的であるサインです。

お金は社会状況や不意なアクシデントといった外側からの影響で、増えたり減ったりすることもあります。あなたは少しでも希望を持って、真理の道に進み、永遠の存在、不滅の存在との邂逅に向けて歩みを進めるとよいのです。憐れみの心を持ちながら、どんなことが起きても揺れない心を持って、慌てずに生きていくことができます。真理を見つめて導き出した叡智こそが、私たちの真の財産なのです。

お金に対するイメージを変換する

お悩み…

学生時代の奨学金、就職難やリストラ、そして老後資金……。いつもお金の問題に追われています。どうやら私は金運がないようです

確かにこの世には、お金の苦労をしたことがない人もいれば、お金の苦労を背負い込んでしまう人もいます。それは、その人の過去生からのカルマの影響なのです。

生きていくためにはお金が必要です。その意味では、「お金をどう扱うか」は、あなたのみではなく万人にとってのテーマだといえるでしょう。

お金に縁がないと思う人は、お金に対するネガティブなイメージを変換する必要があります。お金は必要で便利なものではありますが、それだけで幸せになれるものではありません。ヒマラヤ秘教では、「幸せは内側の本質から来るもの」という自然の真理を説いています。

お金は生きていくための道具にすぎません。主である自分がしっかりと手綱を握り、お金という道具を使いこなすというのが本来のあるべき姿です。ところが、多くの人がお金に翻弄されています。お金に迎合し、すがって、見放さないでと懇願するのです。

お金に翻弄されている人は、大きく「お金に執着する人」と「お金に罪悪感を抱く人」の2つに分けることができます。人はさまざまな環境のもとに育ちますが、たとえば子どもの頃にひもじい思いをした、欲しいものを買ってもらえなかったという経験をした人の中には、「貧乏は恐ろしい」というトラウマを抱えてしまうケースがあります。さらにそのトラウマが欲とくっつくと、お金がすべてだと思ってしまいがちです。

また、お金に対する罪悪感を抱くのも執着です。お金は人を堕落させるもの、汚いものだという価値観の人もいますが、悪いのはお金ではありません。お金自体によい悪いがあるのではなく、お金を扱う人の欲望がお金に付着するということを理解しましょう。

お金は扱う人の心次第で、味方にも敵にもなるということを理解していないと振り回されていまいます。自分はお金持ちだと自慢している人も、自分はお金に縁がないと落胆している人も、お金にこだわり、その多寡に翻弄されているという点においては同じなのです。

ヒマラヤ秘教では、お金と向き合うときにしてはいけないことが3つあると説きます。

◇◇◇ 1　集める：欲望が強くなります ◇◇◇

2　抱え込む：ケチになり、自分の幸せのみを考えるようになります
3　減らさないように防御する：貪欲になり、人を信じなくなります

ですから、お金への執着を手放すためには逆の行為をすることが有効です。

1　分かち合う：人を助けます
2　捧げる：執着を取ります
3　放出する：愛をシェアします

布施のような捧げる行為は、心身を浄化して魂からの喜びを分かち合うことです。

インドでは、布施をする人は大いなる存在から最大の功徳をいただけると信じられています。布施によって寺院を建て、多くの人の心身を浄化し、魂の力を引き出す聖なる場所を提供することで喜びを分かち合うのです。そしてその寺院に

集う人が神に祈り、心を整え、安らぎを得て幸せになる。すると、布施をした人にも功徳が届くのです。

私も多くの恩恵を受けたインドで寄付をしています。救急車や車椅子、病院施設の建設や寺院建立、新型コロナウイルス感染症の救済基金など。出家した修行者への喜捨も行いますし、サマディ（究極の悟り）のパワーをもって多くの人を祝福するのも布施の一環です。また日本においても、皆が修行する道場を建てて寄付をしました。私はヒマラヤ聖者となった身であり、皆のために私の知恵と愛と生命力のすべてを捧げ、皆が少しでも真理の道を進み、人々の魂が輝き、誰も傷つけられることなく、世界が救われ平和になることを望んでいるからです。

布施や寄付を行うと心がスッキリします。それは大きな執着が取れて、祝福をいただいて、浄められるからです。そしてまた、新たなるよいことが起きるのです。

また、めぐり合った人を大切にし、誰のことも尊敬します。互いに互いの幸せを願います。人の縁で何か大きなチャンスに恵まれ、そこに、エネルギーとともににお金が動くこともあるでしょう。私たちは人を大切にして生きることでのみ、幸せになれるのです。

やってみよう！

3

執着、雑念を消すイメージトレーニング

後悔や不安、恐れが込み上げてきて頭から離れず、眠れない。疑心暗鬼になって負の感情のスパイラルに陥ってしまった——などという人は多いでしょう。

そんなときは、イメージで頭から雑念を消滅させます。

袋に詰めて遠くに離す

1 目をつむり、執着や雑念などの思いを袋に詰める動作を思い描く

2 2、3回深呼吸して袋を遠くに飛ばし、その袋が溶けて消える様子をイメージする

3 心に錨がついているイメージで、自分の奥深くにある揺れない存在を意識する

第4章

人間関係の悩み

職場や町内、友人、知人との関係では
気をつけていても
ぶつかってしまうことはあるものです。
仲のいい家族であっても、
一心同体とは限りません。
人と人との関係を見つめていくと
そこには自分自身についての
大きな学びがあります。

自分で自分をコントロールする

＼お悩み…／

職場に苦手な人がいて、毎日が億劫です。ふとしたことで長年の友人と行き違いが生じてしまったり、町内の清掃当番のことでお隣の人に誤解されてしまったり、最近どうも人づき合いが上手にできません

人間関係の問題は、過去生のカルマからの因縁です。それを浄化するために、私たちは目には見えない「ご縁」というものに感謝し、「精神性を高める」という課題が与えられています。

人生では、さまざまな人間関係の問題が起きます。職場の上司と反りが合わない、苦手なママ友との縁が続く、価値観の違いによる夫婦喧嘩が絶えない、遺産相続できょうだいのいがみ合いが起きてしまった――。また個人的な悩みだと思いがちなコンプレックスも、人と自分を比べることから生じる人間関係の悩みだといえるのです。

人間関係の学びは、家族に始まり、友人、師弟、恋愛相手、結婚相手、職場など、場所や出会う相手が移り変わっていきます。また、自分自身もさまざまに立場を変えながら人と接していくのです。相手が強いか弱いか、上か下か、あるいは横の関係かで自分の出すエネルギーも変わり、心も変わります。

その学びは、真理を得るまで何歳になっても続きます。人間関係における真理とは、「すべて自分の蒔いた種が原因だ」というものです。たとえどんなに理不尽なことに思えても、身から出た錆であることがほとんど。少なくとも、自分は100パーセント悪くないなどということはないのです。自分の何がいけなかったのかに気づくことが、精神的な成長につながります。

ヒマラヤ秘教の教えの一つに、「自分で自分の心と感情をコントロールできる人になる」というものがあります。

私たちは、自分以外の人を変えることはできません。誰にもカルマによって定められた各々の課題があります。また、今生の人生経験によって培われた価値観があります。

まず、どんな場合も「人のせいにしない」「自力で解決する」と決めます。次に、本当の自分とは何かを探し求める道を歩んでいきます。そのために源の存在につながって、心身を浄化して意識を進化させます。魂の視点で心を客観的に眺めれば、自分の心の癖に気づくことができ、自分がどんな感情を抱きやすいのかがわかります。それは、頑固さや劣等感、わかってほしいという甘え、傷つきたくないという恐れであるかもしれません。

これらはすべて自己防衛によるものです。とはいえ心は頑固で、一度刷り込まれた癖は白いシャツに染みついたお醬油のシミのようになかなか消えないのです。また、心の癖に気づいて手放すように努め、一度はきれいになったかと思えた被害者意識や自己憐憫といったネガティブな思いが、再び浮かび上がってくることもあるでしょう。心は常に何らかの働きをするのです。そんなときはただ心を見て、その思いが消えるのを待ちましょう。やがて自然に人と接することができるようになるのです。

あなたのピュアな心身と魂は周囲の人にさまざまな影響を与えます。それは周囲の人の学びの機会となり、自ずと心が変わって、言動が改められていくことでしょう。

自分で自分の感情をコントロールすることができれば、世界に調和が生まれ、人間関係に悩むことも、対人関係に疲れてしまうこともなくなるのです。

どんな人のことも尊重する

そもそも人生の中で出会う人とは、前世からの縁で結ばれています。職場で出会うのも、趣味のサークルで出会うのも偶然ではありません。互いに発している波長によって引き合うのです。このことを「波長の法則」といいます。「類は友を呼ぶ」という諺があるように、日本人も古くからこのことに気づいていました。

また、自分の心が他の人の心に映し出される「鏡の法則」というものがあります。「自分の周りで起きることは、自分の心を映し出す鏡」「出会う人は自分の心を映し出す鏡」だといえるのです。

「波長の法則」と「鏡の法則」に鑑みれば、人間関係は自分次第だということがよくわかるはずです。

あなたの周囲にはどんな人がいるでしょうか？　愚痴っぽい人、噂話や人の悪口ばかり言っている人、デリカシーに欠ける人、損得勘定ばかりしている人、何でも人のせいにする人、強情な人、短気な人、感情的な人……。

もしもあなたが、自分の周囲にいる人に問題があると感じているなら、それはあなたも同じ波長を放っているのかもしれません。その人に対して否定的に思うところがあるとするならば、それはあなたの中にもあるということなのです。

たとえば「あの人はでしゃばりだ」とイラッとしたとしたら、本当は自分が目立ちたかったのに先を越されたことが悔しいのかもしれません。「あの人は自分勝手だ」とジャッジする心の奥には、自分を見ているようでつらい、という苛立ちが潜んでいるのかもしれません。

人間関係を整えていくためには、それぞれの人をジャッジすることなく、尊敬に変えていくことが必要です。自分の価値観で相手を見るのではなく、本当の純粋な目で見るのです。それには無知から叡智を目覚めさせる修行が必要です。

私たちは人生の中でたくさんの人と出会い、関わっています。優しい人もいるでしょう。親切な人もいるでしょう。ですが、心を喜ばせてくれる人だけがありがたいのではありません。時に自分の短所を示し、気づかせてくれる人もありがたい存在といえます。

ですから、苦手な人も含めて、どんな人のことも大切なことを教えてくれる先生だと思い、尊重しましょう。そして何か悪いことがあっても、学びをいただいていると感謝します。人に対して上からジャッジするのではなく、謙虚に、学びに感謝します。どんな人でも、出会うことには意味があるのです。粗末にしていい人間関係は一つもありません。

優れた個性を持っている人もいます。それはその人のカルマによってそうなったので、あなたは真似する必要はありません。真似をすると疲れます。あなたはあなたになればいいのです。

職場や町内会などの狭い環境の中での人間関係で、自分が変わるのは難しいということもあるかもしれません。そういう場合は、相手の幸せを祈りましょう。

あなたが変わることで相手が変わるのです。自分を変える努力をしていきます。本来の自分である魂につながり、あなたの心身が浄化されることで、あなたの周りには自然に、純粋で平和で知恵がある、同じ波動のエネルギーの人が集まり、楽に豊かになっていくでしょう。

依存心を断ち切って自立する

お悩み…

「私に介護が必要になったら、よろしくね」と子どもに伝えたところ、曖昧な返事をされて不安になりました。子どもが面倒を見てくれるのは当たり前と思っていたので、ショックから立ち直れません

私たちはカルマによって、自分の学びにふさわしい両親を選んで生まれてきました。反抗期の子どもの常套句に「産んでくれと頼んだ覚えはない」というものがありますが、それは過去生の記憶がないから出る言葉です。

自分が選んだという視点に立って問題点を眺めれば、どんな親も子どもも学び

の対象として受け止めることができるのではないでしょうか。

私のもとには、聞くのも壮絶な家族関係に悩む人が来ることもあります。「親が許せない」「支配的な母親から逃れたい」「引きこもりがちな子どもが心配のあまり、かまいすぎて鬱陶しがられる」といった悩みを抱えて訪ねてくる人が珍しくありません。

家族関係では、他人には抱かない特別な感情を持ちます。「わが子なのだから」「親なのだから」「きょうだいなのだから」「夫婦なのだから」という思いです。そこには無意識の期待があるのです。

親からの経済的援助など、お金のことも円満に解決を見るときはいいのですが、そうでないとき、期待が怒りに代わることもあります。ですから最初から諦めて、ないものと承知して生きていれば平和です。

今の時代、親に感謝したり、親の老後の面倒を見たりといった、親孝行への意識が希薄になっているかもしれません。子どもも親も、同居を望まない人が多いようです。それぞれを尊重しているのでしょう。

インドでは、親の責任はすごく重いように思われます。親が、婿探しや嫁探しに奔走します。しっかり教育をし、息子にも娘にも財産を平等に分け与えます。家も子どもに与えるのです。ひとり親になると、子どもが大勢いる場合、それぞれの子どもの家を平等に何ヵ月か訪れるようです。

日本の場合、「親が真剣に親になり切っていたのか」ということが、さまざまな問題を招くケースもあります。あなたは親心と思っていても、その実、自分のエゴや寂しさからの独りよがりで子育てをしてはいなかったでしょうか。あるいは、子どもを性別で差別したりしていなかったでしょうか。

昔は長男を重んじる風習がありましたが、今は時代が変わりました。個性を伸ばし、自由と権利を主張する時代です。時代錯誤の教育は、子どもの心を歪めてしまいます。

　そもそも血のつながった家族とはいえ、それぞれ個として生きています。わが子であっても親の所有物ではありません。

　また、配偶者とは血のつながりはないですし、縁あって結ばれたとはいえども、育った環境が違えば価値観が違います。期待という依存心なく、常に相手を尊重して、気づきを持った状態で関係性を育んでいくという視点から家族関係を見つめます。

　先にヒマラヤ秘教における最高の意識のステージ、究極のサマディについてご説明しました。究極のサマディは仏教でいう涅槃です。深い瞑想から心身を超えて、死を超えて真理に至ります。「神我一如《しんがいちにょ》」、つまり神と一つの意識になるのです。

　わかりやすくお伝えすれば、悟りを開くというのは「本当の自分になる」ということです。心の悩みを超えて、体を超え、死を超えて源の存在になり、すべてを知るのです。

インドの人は皆、幸せを求めます。その幸せとは、死んだ後によい世界に導かれることです。浄めつくして、よりよい魂となり、次に生まれるときにいい家に生まれたいということなのです。

この世界で究極の悟りを得ることは難しいのですが、意識的にエゴを浄化して愛の人になると、家族関係に限らず、どんな人間関係も楽になるのです。

愛されたいと相手から愛を奪うのではなく、無償の愛を注ぎます。家族であっても、こうしてくれ、ああしてくれなどと、してもらって当たり前ではなく、家族を尊敬すること、あるがままを受け入れること、自分を変えること、相手を責めるのではなくよいところを見つめ許すこと、こだわりを捨てること、今にいること。相手に期待するのではなく、自分から差し出していくのです。

そこにいてくれることに感謝します。そうした善なるエネルギーは、めぐりめぐってあなたのもとへ戻ってくるでしょう。

無償の愛に目覚め、率先して愛を循環させることが真に幸せに生きるための方法です。

やってみよう！

4

「心を健やかに保つ」言葉を唱える

悪い言葉や感情、自己中心的な考えは、因果応報。
いつかわが身にはね返ってきて、
自分がその報いを受けることに。
日々謙虚に、人をジャッジせず、感謝することが大切です。
心が落ち着かないときは以下の言葉を唱え、
気持ちを切り替えましょう。

1日の始まりに

◎今日も一日、平和な心で過ごせますように

◎すべての出来事を学びとして受け取り、
怒りや悲しみではなく感謝できますように

◎自分の考えは自分の体験から。
もっと大きなところから
平和な心で見つめることができますように

◎自分の正しさを主張するのではなく、
相手の立場を理解できますように

◎今日も一日、周りの人をジャッジすることなく、
すべての人を愛することができますように

◎心と体と言葉を正しく使うことができますように

各ページより１つ、その日にふさわしい言葉を選び、３回唱える。２週間続ける

自分を責めてしまっているとき

◎今日一日、愚痴を言わず感謝ができますように

◎私のすべての機能に感謝します。
この体を動かす生命力に感謝します

◎私は愛から生まれてきました。
自分を大切にし感謝できますように

◎自分ができないことを許します。
この体と心をみんなの幸せのために使います

◎自分を責め、人を責めてきたことをお詫びします。
愛を使っていくことができますように

◎自分を生かしてくれている存在に
感謝できますように

対人関係で嫌な気持ちになったとき

◎自分と同じところを見せてくださって
ありがとうございます

◎もっと愛をシェアし、
相手を助け生かすことができますように

◎心が些末なことにとらわれず、
無心になることができますように

◎相手の暗闇を見るのではなく、
よいところを見ることができますように

◎みんな一生懸命生きています。周りの人の不完全を
受け入れます。自分の不完全を受け入れます

◎相手は自分の鏡。相手を責めるのではなく、
自分が愛の人になることができますように

第5章

死への恐怖

人生後半ともなると、
親しい人との永久の別れを
重ねていくことになります。
自分自身の最期に
思いを馳せることもあるのでは。
死を恐れずに生きるため
今から学んでおきたいことをお伝えしましょう。

死を見つめて、今を生きる

お悩み…

人生の終わりを意識する年代になりました。きょうだいや友人を見送るたび、寂しさとともに、死んで「無」になることへの恐怖が頭をもたげます

人間を含めた生きとし生けるものすべてが、死を迎えることで一つの修行を終え、あの世に旅立ちます。そしてまた、その人のカルマの願いによって生まれ、新たな命の営みを始めるのです。このことを繰り返して進化していきます。これを「輪廻転生」といいます。

人は過去生からの願いで、カルマを終わらせるために生まれてきました。つまり生きることで意識を進化させていくのですが、同時にいろいろな出会いを通じて刺激を受け、さまざまな感情を体験して、新たな執着をつくります。

本当の自分は魂であり、純粋な存在だということを知らずに無知のまま生きていれば、欲望を制御することができず、心に翻弄された濁ったエネルギーにまみれて死んでいくことになります。それでは、過去生からの願いであるカルマを終わらせることができません。

人生の目的は本当の自分を知り、カルマから解放されることです。そのためには宇宙的愛に目覚め、信仰と祈り、慈愛の実践をし、生きとし生けるものすべての幸せを願います。

第2章でお話ししたように、私たちの心身は宇宙と同じ5つの元素（土、水、火、風、空）からできています。この自分を浄化することで世界に平和をもたらし、進化させていくのです。また、そうした仲間を増やすことが世界平和につながるのです。

源とつながり、魂という本当の自分に出会い、浄まったカルマを宇宙に持ち帰り、宇宙全体に平和をもたらすことが、今生を生きる私たちの使命なのです。ヒマラヤ秘教では「すべての形のあるものはやがて消えていく」ということを悟ります。病気も悩みも、さらにはこの肉体も心も変容して消えます。

私たちの心は日々、外側からの刺激を受けて休むことなく働き続けています。「立ち止まると人に後《おく》れをとってしまうのではないか」とハラハラしたり、「あの人に抜かれるのではないか」とオロオロしたり、人より秀でたいと競争心を抱いたり、自分より優れた人がいると嫉妬心を抱いたりと、大忙しです。そこには常に競争があり、比較の心があります。

そして、お金や土地や家、車や服やアクセサリーなど、たくさんのものを自分のものにすることで、安心を得て心を満たそうとします。

ですが死を考えれば、すべては虚しいことだと気づくはずです。肉体は器にすぎず、どんなに欲張っても、死ぬときは集めたものを何も持っていくことはできません。宇宙に持ち帰ることができるのは、カルマを抱えた心と魂です。ものやお金どころか、肉体も脱ぎ捨て、この世に置いて旅立ちます。

こうしたことを理解すれば、生き方が変わるはずです。死を見つめることは、生き方を見つめることなのです。

輪廻転生では、今生の生き方によって転生する世界が決まります。皆、次の世でよい環境に生まれたいと願います。そうなるかは、あなたの行為にかかわっています。

死後、あなたのカルマに従って向かう世界は次の「六道輪廻」に分けられています。

1　地獄道：もっとも苦しみの多い世界
2　餓鬼道：飢えに苦しむ世界
3　畜生道：弱肉強食に怯える世界
4　修羅道：争いの世界

◇◇◇◇◇◇◇◇◇◇

5　人間道：苦楽のある世界

6　天道：もっとも楽しみの多い世界

◇◇◇◇◇◇◇◇◇◇

今生さえよければいいと考えるのは愚かなことです。人は利己的に、いろいろなものを集め、執着して、エゴを太らせてきました。このままでは常にカルマを繰り返すことになり、苦しみが続きます。

今、あなたは目覚めます。本当の自分に目覚めます。真理に目覚めます。それは愛の世界、平和の世界、智慧の世界をつくっていきます。そんなあなたに、大いなる存在は愛とパワーを惜しみなく与えてくださいます。

自他の心を理解したり、感謝したり、信頼したりすることで、ストレスで消耗している心を鎮め、心にこびりついたネガティブな記憶や、そのことによって生じたエゴや雑念を徐々に浄化していきます。そうして心の曇りを消して源に還ろうとすることで、穏やかな死を迎えることができるでしょう。

人はどんな死に方をするか、いつまで生きられるのかもわかりません。誰もが終わりを迎えます。人は生まれたときは一人、また死んでいくのも一人です。そして、死は来世への誕生を意味するのです。

死を恐れることなく、自然の摂理として受け止めたうえで、今生でカルマを浄めるために正しい道を歩みます。やがてあなたは今に生き、死を恐れず感謝の念に包まれて生きていくことができるようになるでしょう。

悔いのないように生きる

多くの人たちは日々の行動に追われ、自分が今生に生まれてきた意味について考えたことがありません。ですが、私たちが死を恐れず生きるためには、死について考え、どう生きるかを考えることが大切です。

それには、ここまでにお伝えした「カルマ」というものについて理解する必要があります。

カルマとは私たちの行為のことです。行為には、体の行為、思いの行為、言葉の行為があります。そしてその結果は、自分の心に刻まれていきます。

大昔、この世界がつくられた頃にはカルマはなかったのです。その後、人が現れ、生きる中で考え、感じ、行動した記憶が、すべて心の潜在意識に刻まれて、カルマがつくられていったのです。


日本語で「業」ともいわれるカルマは、3つに分かれます。

「サンスカーラ」という過去生のいまだ目覚めていない記憶、「ボガ」という今の行為を行うカルマの記憶、さらに、「プララブダ」という矢が放たれ未来に起きるカルマの記憶があります。前世に成しえなかったことをどうしても成し遂げたいと、その願いでこの世に生を受けるのです。

いずれにしても、今の人生には、過去生の人生の結果が表れているのです。また今生で積んだ人生の歩みの結果も今生に現れたり、来生以降に現れたりしていくのです。

先に述べた六道輪廻は、人が積んだカルマの質で転生する世界が、地獄道、餓鬼道、畜生道、修羅道、人間道、あるいは天道になるかが決まるという教えですが、心身の修行ができ、カルマが浄化できるのは、体がある間だけなのです。ですから、今どういう生き方をするのかがとても大切になってきます。あなたは今が自分の運命を変えるチャンスです。積極的にカルマを浄める生き方を進めるのです。よいカルマを積みます。祈り、瞑想します。

動物は、祈ることも瞑想することもできません。人間に生まれた価値とは、修行することができ、悟ることができ、最高の人間になることができるという点にあります。

大いなる存在は、「自分が誰であるのか、何のために生まれてきたのかを思い出しなさい。そして成長して私のところへ戻ってきなさい」と言って私たちを送り出し、今生に生きる私たちの魂の成長を見守り、帰りを待ち望んでいます。

愛する人を亡くした人の中には、死別の悲しみから抜けられずに苦しんでいる人もいます。「死」は肉体の寿命にすぎず、魂の新たな旅立ちです。もちろん大切な人と離れるのは悲しいことですが、だからといって泣き続けていると、亡くなった人が安心して成仏できません。

もしも喧嘩したことを後悔しているのなら、「喧嘩をする人がいて、私のエゴに気づくことができてありがたかった」と感謝するのです。嫌いな人が亡くなったときも、「学びをいただいて、ありがたかった。私の心を進化させるためにいてくれたのだ」と冥福をお祈りしてください。


私たちは魂を成長させるために生き、生まれる前に決めた課題を終えて死んでいきます。早く課題を終える人もいますが、生きている限り、いくつになっても学ぶ機会が与えられます。

それは、いつからでも学びを得ることで運命を好転させていくことができるということです。

ヒマラヤ秘教の礎《いしずえ》ともいえる最大の教えは、「大いなる存在のパワーを信じることは、自分の生きる力を信じること」というものです。このことを深く理解して、果敢に、そして潑剌《はつらつ》と生きていきましょう。

やってみよう！

5

心の平和を感じる呼吸

普段、意識することのない呼吸ですが、
ヒマラヤ瞑想ではとても神聖なものです。
意識して行っていくことで、
内側から浄化され、心から離れて、
静けさと心の平和を感じられるでしょう。

1
あぐらをかき、背筋をまっすぐ伸ばして座る

2
合掌して、神とヒマラヤ聖者に「どうぞ正しくお導きください」と祈る

3
目を閉じて、静かに鼻の先に意識を向けたら、そこに出入りする呼吸を見つめる。10 呼吸見つめたら、無心で 3 分間座り続ける

1日 1回、1ヵ月ほど続けてみましょう。
さらに先に進みたい方は、
必ず指導者のガイドを受けてください

おわりに

本書は人生100年時代の中で後半を迎えた方々が、行く先を不安なく生きていけますようにと願いながら書かせていただきました。

人間関係、家族問題、老後の資金や健康問題、老いに対する抵抗感、若さへの執着、夢を叶えたいという焦燥感……。気力も体力もなくなりつつある年齢を迎え、これらの問題に立ち向かうのは大変なことです。

本当は不安でいっぱいなのに、表面的には平気に見せたり、気づかないようにしてみたりしている人もいるようです。ですが、そんなふうに演技をしたり、心を楽しませたりすることで難局を逃れようとしても、根本にある不安は消えないのです。

宇宙に存在するものはすべて変化しています。境遇も人間関係も肉体も感情も、過去から現在、そして未来へと刻々と形を変えて移ろっていきます。ですが、自分の奥深くにある魂は永遠不滅の普遍的な存在であり、魂こそがあなたの源です。

ヒマラヤ秘教は、魂の存在を信じて、心身を浄めて、そこに還っていくための実践の教えです。ヒマラヤ聖者である私のもとには、中高年の方々もたくさん来られ、主に祈りと瞑想を通して自分を見つめ、新しい生き方を実践することで生き生きとした老後を送っています。「長く苦しんでいた肩や背中のこりが改善した」「こじれていた人間関係が嘘のようによくなった」という話をよく聞きます。それは神聖なエネルギーの祝福をいただき、瞑想することで心身が浄化され、変容して、心の癖がはずれたからです。

ヒマラヤ聖者・シッダーマスターは、修行という自らの人体実験を通して究極のサマディを成就し、魂となり、神を悟り、すべてを知り、肉体も心も魂が支配していることを実感したのです。そして、シッダーマスターは人々の心身を浄め、変容させる計り知れない力を得たのです。その存在は、人々を悟りへと導き、健康、美しさ、経済、人間関係を含む人生に調和をもたらし、平和へと導きます。

そのためにもっとも有効なのは、ヒマラヤ秘教の瞑想修行です。入門のための儀式であるディクシャを経て大いなる存在と絆をつくり、祝福をいただくことで、愛と平和の人になります。叡智をいただき、幸せを享受することができます。

特殊な呼吸の瞑想、エネルギー伝授の瞑想、気づきの瞑想、悟りの瞑想、先祖を浄める瞑想、病気を治す瞑想、成功する瞑想などがあります。道場では私がヒマラヤシッダー瞑想の秘法を伝授し、サマディのエネルギーをシェアしています。本書をきっかけに、より学びを深めたいとお考えになった方は、ぜひ道場での修行やセミナー、講演会などに参加してください。

ヒマラヤ秘教の実践で運命は好転します。ヒマラヤ秘教は、私たちの心が自由になり、真に豊かになるための教えです。大切なのは高次元の存在を信じ、心身を浄めて素直で純粋になり、本来の姿に戻っていくことです。心身という乗りものを正しく運転しながら魂に向かうのが、あなたの人生の目的です。無償の愛のカルマをつくるのです。そうすることで、あなた自身とあなたの家族が浄まり、日本も世界も平和になっていくのです。

どんなことがあっても大切な気づきの機会だと捉えて、自他の不完全さを許し、人を傷つけずに思いやりを捧げてください。そうして人生をもっと軽く、もっと愛にあふれた、もっと平和なものにして、慈愛を分かち合って生きていきましょう。

今後ますます加速していくといわれる地球温暖化や環境破壊、情報に翻弄されるストレス社会や超高齢社会における世の中の混乱に歯止めをかけるためには、私たち一人ひとりが真理に目覚め、愛の実践を行っていく必要があります。私はそのための具体的な方法を本書に記したつもりです。

心とは何か、悟りとは何か、真の幸せとは何か、どうすれば幸せに生きられるのかといった疑問に対する答えを見つけたと言っていただけたなら、そしてヒマラヤ秘教を実践し、新たな生き方に挑戦してみようと奮起していただけたなら、これほどうれしいことはありません。あなたの幸せをお祈りしています。

2023年8月

ヨグマタ　相川圭子

装幀　山影麻奈
装画　ながのまみ
構成　丸山あかね